MINISTÈRE DU COMMERCE ET DE L'INDUSTRIE

DIRECTION DE L'ENSEIGNEMENT TECHNIQUE

LOI DU 25 JUILLET 1919

RELATIVE A

L'ORGANISATION

DE

L'ENSEIGNEMENT TECHNIQUE

Extrait du *Bulletin de l'Enseignement technique*
(N° du 30 août 1919)

AF363660

PARIS

LIBRAIRIE VUIBERT

63, BOULEVARD SAINT-GERMAIN, 63

ORGANISATION

DE

L'ENSEIGNEMENT TECHNIQUE

Pièce
8° F
55·11

LOI DU 25 JUILLET 1919

RELATIVE A

L'ORGANISATION

DE

L'ENSEIGNEMENT TECHNIQUE

Extrait du *Bulletin de l'Enseignement technique*
(N° du 30 août 1919)

PARIS

LIBRAIRIE VUIBERT

63, Boulevard Saint-Germain, 63

LOI DU 25 JUILLET 1919

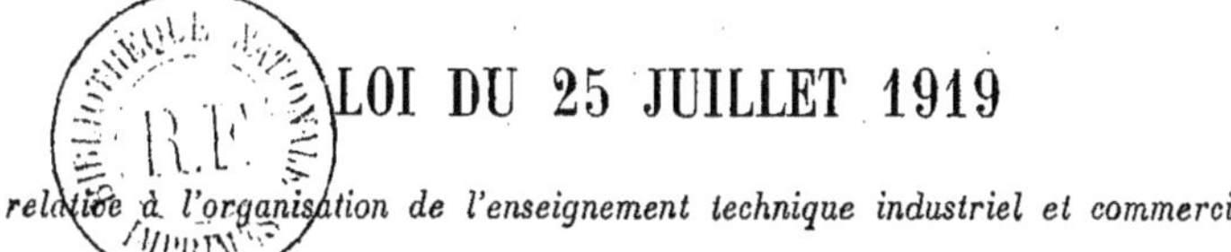

relative à l'organisation de l'enseignement technique industriel et commercial.

Le Sénat et la Chambre des députés ont adopté,
Le Président de la République promulgue la loi dont la teneur suit .

TITRE Ier

Dispositions générales.

Art. 1er. — L'enseignement technique industriel ou commercial a pour objet, sans préjudice d'un complément d'enseignement général, l'étude théorique et pratique des sciences et des arts ou métiers en vue de l'industrie ou du commerce.

L'enseignement technique, donné dans les écoles et dans les cours professionnels ou de perfectionnement prévus par la présente loi, relève du ministre du commerce et de l'industrie qui adresse, chaque année, au Président de la République, un rapport sur la situation de cet enseignement.

Art. 2. — Doivent être considérés comme établissements d'enseignement technique, au sens de la présente loi, les écoles qui, en raison du caractère industriel ou commercial de leur enseignement, sont ou seront placées par une loi ou par un décret sous l'autorité du ministre du commerce et de l'industrie.

Art. 3. — Les écoles et les cours d'enseignement technique, industriel ou commercial sont publics ou privés.

Les écoles privées peuvent être reconnues par l'État dans les conditions déterminées par la présente loi.

Art. 4. — Sont incapables de diriger une école publique ou privée d'enseignement technique, ou d'y être employés, à quelque titre que ce soit :

1° Ceux qui ont subi une condamnation judiciaire pour crime de droit commun ou pour délit contraire à la probité ou aux mœurs ;

2° Ceux qui ont été privés par jugement de tout ou partie des droits mentionnés à l'article 42 du code pénal ou qui ont été déchus de la puissance paternelle ;

3° Ceux qui ont été frappés d'interdiction absolue d'enseigner.

Ces dispositions s'appliquent également aux cours professionnels.

TITRE II

Autorités préposées à l'enseignement technique.

CHAPITRE 1ᵉʳ. — DU CONSEIL SUPÉRIEUR DE L'ENSEIGNEMENT TECHNIQUE

Art. 5. — Le conseil supérieur de l'enseignement technique, présidé par le ministre du commerce et de l'industrie, comprend des membres élus, des membres désignés par le ministre et des membres de droit. Sa composition est déterminée par décret.

Art. 6. — Le conseil supérieur de l'enseignement technique doit être consulté sur les projets de lois, de règlements et de décrets généraux relatifs à l'enseignement technique.

Il donne son avis sur les questions qui lui sont soumises par le ministre. Il peut, sur l'initiative de ses membres, émettre ses vœux sur toutes les questions se rattachant à l'enseignement industriel et commercial.

Dans l'intervalle des sessions, le conseil supérieur est représenté par une commission permanente prise dans son sein et dont la composition et les attributions sont déterminées par décret.

CHAPITRE II. — DE L'INSPECTION DE L'ENSEIGNEMENT TECHNIQUE

Art. 7. — La surveillance des écoles et cours d'enseignement technique est assurée par des inspecteurs nommés par le ministre du commerce et de l'industrie.

Les cadres et l'organisation de l'inspection, les conditions exigées des candidats à ces fonctions sont déterminées par décret rendu après avis du conseil supérieur de l'enseignement technique.

CHAPITRE III. — DES COMITÉS DÉPARTEMENTAUX ET CANTONAUX
DE L'ENSEIGNEMENT TECHNIQUE

Art. 8. — Il est institué dans chaque département un comité départemental et, s'il y a lieu, des comités cantonaux de l'enseignement technique dont la composition est déterminée par décret.

Le préfet, après avis du comité départemental, arrête la liste des cantons sièges de comités. Un comité unique peut être constitué pour plusieurs cantons.

Art. 9. — Le comité départemental donne son avis :

1° Sur les créations projetées d'écoles publiques d'enseignement technique dans le département, conformément aux dispositions du chapitre 1er du titre III de la présente loi ;

2° Sur les demandes de reconnaissance par l'État formées par les écoles privées d'enseignement technique du département ;

3° Sur les demandes de subventions de l'État formées par les écoles et les cours privés existant dans le département ;

4° Sur toutes les questions qui lui sont soumises par l'administration.

Le comité départemental étudie les mesures propres à favoriser les progrès de l'enseignement technique dans le département ; il assiste les inspecteurs de l'enseignement technique dans la surveillance des cours professionnels et de perfectionnement publics ou subventionnés par l'État.

Il adresse, chaque année, au ministère du commerce et de l'industrie, un rapport sur le fonctionnement et le développement de l'enseignement industriel ou commercial dans le département.

Le comité départemental statue en première instance sur les oppositions à l'ouverture d'une école technique privée formées dans les conditions prévues par l'article 26 ci-après, ainsi que sur les poursuites disciplinaires intentées contre les directeurs des écoles privées par application de l'article 30 ci-après.

Les comités cantonaux donnent leur avis sur les questions qui leur sont soumises par le comité départemental, auquel ils adressent leur rapport.

Les comités départementaux de deux ou plusieurs départements peuvent se concerter sur les questions relatives à l'enseignement technique et intéressant à la fois leurs départements respectifs.

TITRE III

Des écoles publiques d'enseignement technique et des écoles de métiers.

Art. 10. — Sont écoles publiques d'enseignement technique industriel ou commercial les établissements dans lesquels l'enseignement est donné par les soins de l'État.

Ces écoles sont nationales lorsqu'elles sont entretenues par l'État, départementales ou communales lorsqu'elles sont entretenues, en tout ou en partie, par un ou plusieurs départements, une ou plusieurs communes.

Lorsqu'une école d'enseignement technique industriel ou commercial est spécialisée en vue d'une industrie ou d'un commerce, elle prend la dénomination de la profession ou du métier pour lequel elle est créée.

Les écoles créées et administrées par les chambres de commerce en vertu de l'article 14 de la loi du 9 avril 1898 sont soumises au régime des établissements visés aux articles 32, 33, 34, 35 et 36 de la présente loi.

CHAPITRE 1ᵉʳ. — CRÉATION DES ÉCOLES PUBLIQUES D'ENSEIGNEMENT TECHNIQUE ET DES ÉCOLES DE MÉTIERS

Art. 11. — Les écoles nationales d'enseignement technique sont créées par une loi.

La création des écoles départementales et communales est autorisée par arrêté du ministre du commerce et de l'industrie.

Art. 12. — Les communes ne peuvent obtenir isolément ou conjointement la création d'une école nationale d'enseignement technique, si elles ne prennent l'engagement de contribuer, pour un quart au moins, aux dépenses de construction et d'installation de ladite école, et si elles ne fondent à cette école, pour dix ans au moins, un nombre de bourses fixé de gré à gré avec le ministre du commerce et de l'industrie.

Les départements peuvent prendre, soit aux lieu et place des communes, soit conjointement avec celles-ci, les engagements dont il s'agit.

Art. 13. — Toute commune ou tout département qui veut fonder une école publique d'enseignement technique, communale ou départementale, doit se soumettre aux obligations résultant de l'article 69 de la loi du 26 janvier 1892, relatif aux écoles pratiques de commerce et d'industrie.

Des écoles de métiers peuvent, avec le concours de l'État, être fondées par les chambres de commerce ou par des associations professionnelles dans des conditions déterminées par décret.

L'État peut contribuer aux dépenses d'installation de ces écoles, et, dans les villes de moins de 150 000 habitants, aux dépenses d'entretien, dans les mêmes proportions et suivant les mêmes règles que pour les écoles pratiques de commerce et d'industrie. Les garanties exigées des chambres de commerce et des associations professionnelles sont fixées par décret.

Le fonctionnement de ces écoles est soumis aux mêmes règles que celui des écoles pratiques de commerce et d'industrie.

Art. 14. — Indépendamment des subventions accordées en vertu de la loi du 28 décembre 1912, des subventions peuvent être allouées par l'Etat pour acquisition de matériel, d'outillage d'atelier ou de laboratoire, aux écoles publiques d'enseignement technique départementales ou communales et aux écoles de métiers.

Ces subventions sont accordées par le ministre du commerce et de l'industrie, après avis de la commission permanente du conseil supérieur de l'enseignement technique.

Art. 15. — Les projets de construction, d'acquisition, de location ou d'appropriation de l'immeuble destiné à l'école doivent être soumis à l'approbation du ministre du commerce et de l'industrie, après adoption par le conseil général, le conseil municipal, la chambre de commerce ou l'association professionnelle, suivant la collectivité qui demande la création de l'école.

CHAPITRE II. — ADMINISTRATION.

Art. 16. — Les écoles nationales d'enseignement technique jouissent de la personnalité civile et constituent des établissements publics.

Elles sont représentées, dans tous les actes de la vie civile, par un directeur ou une directrice et administrées par un conseil d'administration, sous l'autorité du ministre du commerce et de l'industrie.

La composition et les attributions de ce conseil sont fixées par décret, après avis du conseil supérieur de l'enseignement technique.

Art. 17. — Un décret rendu sur la proposition du ministre du commerce et de l'industrie et du ministre des finances, détermine les règles de comptabilité applicables aux écoles nationales d'enseignement technique.

Art. 18. — Dans toutes les écoles publiques d'enseignement technique, il est institué un conseil de perfectionnement dont la composition et les attributions sont fixées par décret, après avis du conseil supérieur de l'enseignement technique, et qui doit comprendre en majorité des représentants autorisés de l'industrie ou du commerce.

CHAPITRE III. — DU PERSONNEL

Art. 19. — Nul ne peut être directeur, professeur ou employé à des fonctions d'enseignement, de surveillance ou d'administration dans une école publique d'enseignement technique industriel ou commercial, s'il n'est Français, et s'il ne remplit les conditions d'âge et de capacité qui seront déterminées par décret délibéré en conseil des ministres, après avis du conseil supérieur de l'enseignement technique.

Les étrangers peuvent être autorisés par le ministre du commerce et de l'industrie, soit à enseigner les langues vivantes dans les écoles techniques publiques, soit à y donner un enseignement se rapportant à un art ou à une industrie que l'on projette d'introduire en France ou d'y développer par des procédés nouveaux.

Le mode de nomination du personnel des écoles publiques d'enseignement technique est fixé par décret, après avis du conseil supérieur de l'enseignement technique.

Toutefois, la loi décidant de la création d'une école nationale d'enseignement technique détermine, s'il y a lieu, les catégories de personnel à nommer par décret.

Art. 20. — Dans toutes les écoles publiques d'enseignement technique, sauf l'exception prévue au dernier paragraphe du présent article, les traitements du personnel de direction, des professeurs, chefs de travaux, chefs d'ateliers et professeurs adjoints, et, dans les écoles nationales, ceux de l'ensemble du personnel, sont à la charge de l'État.

Ces traitements sont fixés par décret pour chaque catégorie d'établissements et pour chaque classe de fonctionnaires, après avis du conseil supérieur de l'enseignement technique.

Il n'est rien changé aux règles établies pour le payement du corps enseignant dans les villes de 150 000 habitants et au-dessus.

Art. 21. — Les règles relatives au recrutement, au classement et à l'avancement du personnel des écoles publiques d'enseignement technique sont déterminées par décret après avis du conseil supérieur de l'enseignement technique.

Art. 22. — Les peines disciplinaires applicables au personnel des écoles publiques d'enseignement technique sont les suivantes :

La réprimande ;
La censure simple ;
La censure avec inscription au *Bulletin de l'enseignement technique* ;
La révocation.

Les trois dernières peines ne peuvent être infligées qu'après avis d'un conseil de discipline, siégeant au ministère du commerce et de l'industrie, dont la composition et les règles de procédure sont déterminées par décret, après avis du conseil supérieur de l'enseignement technique.

Toute peine disciplinaire pourra entraîner, en outre, sur l'avis du conseil de discipline, la radiation du tableau d'avancement.

La censure avec inscription au *Bulletin de l'enseignement technique* pourra entraîner une privation partielle ou totale de traitement dont la durée n'excédera pas un mois.

Dans le cas où le ministre le jugerait utile, il pourra prononcer la suspension, sans attendre l'avis du conseil de discipline, mais seulement à titre provisoire et sans que cette suspension puisse entraîner aucune privation de traitement.

Art. 23. — Des décrets, fixant le régime des retraites du personnel, des contremaîtres, maîtresses d'atelier, ouvriers, garçons de laboratoire et gens de service, pourront être rendus, sur la proposition du ministre des finances, du ministre du travail et du ministre du commerce et de l'industrie, conformément aux dispositions de l'article 10 de la loi sur les retraites ouvrières et paysannes.

CHAPITRE IV. — DE L'ENSEIGNEMENT

Art. 24. — Les programmes détaillés de l'enseignement sont préparés par le conseil de perfectionnement de chaque école publique d'enseignement technique et approuvés par le ministre du commerce et de l'industrie.

Il pourra être organisé dans ces écoles, notamment au cours des vacances, dans la journée ou le soir, des cours professionnels pratiques et théoriques pour les apprentis et pour les ouvriers ou employés du commerce et de l'industrie.

Art. 25. — Les certificats et diplômes qui peuvent être délivrés par les écoles techniques publiques sont déterminés par décret.

TITRE IV

Des écoles d'enseignement technique privées.

Art. 26. — Toute personne qui veut ouvrir une école technique privée doit préalablement déclarer son intention au maire de la commune où elle veut s'établir et lui désigner le local.

Le maire remet immédiatement au postulant un récépissé de sa déclaration et fait afficher celle-ci à la porte de la mairie pendant un mois.

Si le maire juge que le local n'est pas convenable pour raisons tirées des bonnes mœurs ou de l'hygiène, il forme, dans les huit jours, opposition à l'ouverture de l'école et en informe le postulant. Les mêmes déclarations doivent être faites en cas de changement du local de l'école ou en cas d'admission d'élèves internes.

Le postulant adresse les mêmes déclarations au préfet, au procureur de la République et au ministre du commerce et de l'industrie. Il y joint, en outre, pour le préfet, son acte de naissance, ses diplômes, l'extrait de son casier judiciaire, l'indication des lieux où il a résidé et des professions qu'il a exercées pendant les dix années précédentes, les programmes et l'horaire de l'enseignement qu'il se propose de donner, le plan des locaux affectés à l'établissement, et, s'il appartient à une association, une copie des statuts de cette association.

Le préfet, le procureur de la République et l'inspecteur de l'enseignement technique, désigné par le ministre, peuvent former opposition à l'ouverture d'une école privée dans l'intérêt de l'ordre public, des bonnes mœurs ou de l'hygiène, ou lorsqu'il résulte des programmes de l'enseignement que l'établissement projeté n'a pas le caractère d'une école technique.

A défaut d'opposition, l'école est ouverte à l'expiration d'un délai de deux mois, sans autre formalité. Ce délai a pour point de départ le jour où la dernière déclaration a été adressée par le postulant au préfet, au procureur de la République ou au ministre du commerce et de l'industrie.

Art. 27. — Les oppositions à l'ouverture d'une école privée sont jugées contradictoirement par le comité départemental de l'enseignement technique dans le délai d'un mois.

Appel peut être interjeté de la décision du comité départemental dans les dix jours à partir de la notification de cette décision. L'appel est reçu par le préfet, qui devra le transmettre sans délai. Il est soumis à la commission permanente du conseil supérieur de l'enseignement technique et jugé contradictoirement dans le délai d'un mois.

Le postulant peut se faire assister ou représenter par un conseil devant le comité départemental et devant la commission permanente du conseil supérieur.

En aucun cas, l'ouverture ne pourra avoir lieu avant la décision d'appel.

Art. 28. — Nul ne peut être directeur d'une école privée d'enseignement technique industriel ou commercial s'il n'est Français, âgé de vingt-cinq ans accomplis au moins et s'il ne justifie d'un des titres déterminés par décret, après avis du conseil supérieur de l'enseignement technique.

Nul ne peut être professeur dans une école privée d'enseignement technique industriel ou commercial s'il n'est Français et s'il ne remplit les conditions d'âge et de capacité qui seront déterminées par décret, après avis du conseil supérieur de l'enseignement technique.

Toutefois, les étrangers remplissant les conditions d'âge et de capacité requises peuvent être autorisés à enseigner dans une école technique privée, par décision spéciale et individuelle du ministre du commerce et de l'industrie.

Art. 29. — Quiconque aura ouvert ou dirigé une école d'enseignement technique sans remplir les conditions prescrites par les articles 4 et 28 ci-dessus, ou sans avoir fait les déclarations exigées, ou avant l'expiration du délai spécifié par l'article 26, sera poursuivi devant le tribunal correctionnel du lieu du délit et condamné à une amende de cent à mille francs (100 à 1 000 fr.).

L'école sera fermée.

En cas de récidive, le délinquant sera condamné à un emprisonnement de six jours à un mois et à une amende de cinq cents à deux mille francs (500 à 2 000 fr.).

Les mêmes peines seront prononcées contre celui qui, dans le cas d'opposition formée à l'ouverture de son école, l'aura ouverte avant qu'il ait été statué sur cette opposition, ou malgré la décision du comité départemental qui aura accueilli l'opposition, ou avant la décision d'appel.

L'article 463 du code pénal pourra être appliqué.

Art. 30. — Tout directeur d'école privée d'enseignement technique pourra, sur la plainte des inspecteurs généraux de l'enseignement technique, être traduit, pour cause de faute grave dans l'exercice de ses fonctions, d'inconduite ou d'immoralité, devant le comité départemental de l'enseignement technique et être censuré ou interdit de l'exercice de sa profession, soit dans la commune où il exerce, soit dans le département, selon la gravité de la faute commise.

Il peut même être frappé d'interdiction à temps ou d'interdiction absolue par le comité départemental.

Le directeur d'une école privée, frappé d'interdiction, peut faire appel devant le conseil supérieur de l'enseignement technique.

Cet appel ne sera pas suspensif.

Art. 31. — L'inspection des établissements privés d'enseignement technique est exercée par les inspecteurs dont il est fait mention à l'article 7 ci-dessus.

L'inspection des écoles privées porte sur la moralité, l'hygiène, la salubrité et sur l'exécution des obligations légales imposées à ces écoles. Elle peut porter sur l'enseignement, pour vérifier s'il n'est pas contraire à la morale, à la constitution et aux lois, et s'il est conforme aux programmes présentés par le directeur lors de la déclaration d'ouverture de l'établissement.

Tout directeur d'école privée d'enseignement technique qui refusera de se soumettre à la surveillance et à l'inspection, suivant les conditions établies par la présente loi, sera traduit devant le tribunal correctionnel et condamné à une amende de cinquante à cinq cents francs (50 à 500 fr.). En cas de récidive, l'amende sera de cent à mille francs (100 à 1 000 fr.).

L'article 463 du code pénal pourra être appliqué.

Si le refus a donné lieu à deux condamnations dans l'année, la fermeture de l'établissement sera ordonnée par le jugement qui prononcera la seconde condamnation.

Art. 32. — Les écoles privées d'enseignement technique, légalement ouvertes, peuvent être reconnues par l'État.

La reconnaissance par l'État est accordée, sur avis favorable du conseil supérieur de l'enseignement technique, après enquête administrative. Le conseil propose la reconnaissance par décret ou par arrêté du ministre du commerce et de l'industrie, suivant le caractère de l'enseignement.

Le bénéfice de la reconnaissance peut toujours être retiré. Le retrait a lieu dans les mêmes formes.

Les écoles techniques privées qui désirent obtenir la reconnaissance par l'État doivent en faire la demande au ministre du commerce et de l'industrie et soumettre à son approbation leurs plans d'études et leurs programmes.

Art. 33. — La nomination du directeur et du personnel enseignant des écoles techniques reconnues par l'État est soumise à l'agrément du ministre du commerce et de l'industrie.

Le ministre peut retirer son agrément après avoir provoqué les explications de l'administration de l'école et celle des intéressés.

Les maîtres de l'enseignement public peuvent être détachés dans une école reconnue par l'État pour y exercer les fonctions de directeur, de sous-directeur, de professeur, d'ingénieur, de chef de travaux ou d'atelier, dans les conditions fixées par l'article 33 de la loi du 30 décembre 1913, sur les pensions civiles.

Art. 34. — Les écoles reconnues par l'État sont inspectées comme il est dit à l'article 31. Toutefois, en ce qui concerne l'enseignement, l'inspection s'exerce dans les mêmes conditions que pour les écoles publiques.

Art. 35. — Des certificats d'études et des diplômes peuvent être délivrés par les écoles reconnues par l'État, dans des conditions déterminées par arrêté ministériel après avis du conseil supérieur de l'enseignement tehnique. Dans ce cas, le jury d'examen est nommé par le ministre du commerce et de l'industrie ou par le préfet du département, délégué à cet effet.

Art. 36. — L'État peut participer, soit sous forme de bourses, soit sous forme de subventions, aux dépenses de fonctionnement des écoles reconnues.

Les conditions de cette participation sont fixées par décret.

Elle ne peut être accordée qu'après avis favorable de la commission permanente du conseil supérieur de l'enseignement tehnique.

TITRE V

Des cours professionnels.

Art. 37. — Des cours professionnels ou de perfectionnement sont organisés pour les apprentis, les ouvriers et les employés du commerce et de l'industrie.

Tous les cours visés par la présente loi doivent faire l'objet d'une déclaration à la mairie de la localité dans laquelle ils sont institués.

Art. 38. — Les cours professionnels seront obligatoires dès qu'ils auront été organisés conformément à la présente loi, et sous les réserves déterminées par l'article 47 ci-après, pour les jeunes gens et jeunes filles âgés de moins de dix-huit ans, qui sont employés dans le commerce et l'industrie, soit en vertu d'un contrat écrit d'apprentissage, soit sans contrat.

Ces cours sont gratuits ; toutefois, la fréquentation d'un cours payant, remplissant les conditions prévues par la présente loi, pourra être considérée comme équivalent à la fréquentation des cours obligatoires.

Ils peuvent être organisés par les chefs d'établissements industriels ou commerciaux, même à l'intérieur de leurs établissements.

Art. 39. — Les communes dans lesquelles l'organisation de cours professionnels est reconnue nécessaire sont désignées par arrêté du ministre du commerce et de l'industrie après avis du comité départemental de l'enseignement technique.

Il est institué dans ces communes, par arrêtés ministériels, une commission locale professionnelle, chargée de déterminer et d'organiser les cours obligatoires pour les besoins des professions commerciales et industrielles de la localité.

Cette commission est composée :

1° Du maire, président de droit ;

2° D'un inspecteur départemental de l'enseignement technique ;

3° De délégués désignés par le conseil municipal ;

4° De délégués désignés par la chambre de commerce et choisis parmi les industriels et les commerçants ;

5° De délégués élus, suivant le mode électoral adopté pour les élections aux conseils de prud'hommes, d'une part, par les ouvriers et employés d'usines ou d'ateliers et choisis parmi eux ; d'autre part, par les employés de commerce et choisis parmi eux ;

6° De l'inspecteur ou de l'inspectrice du travail dans la commune où ils résident ;

7° D'un représentant de l'enseignement primaire public désigné par le préfet sur la proposition de l'inspecteur d'académie.

Le directeur des cours assiste, quand il y a lieu, aux réunions de la commission locale à titre consultatif. Il y est convoqué par le président.

Le nombre des délégués pour chacune des 3e, 4e et 5e catégories sera déterminé par le préfet après avis du comité départemental de l'enseignement technique.

Le mandat des délégués désignés par le conseil municipal expire avec les pouvoirs de cette assemblée. Les délégués désignés par la chambre de commerce et les délégués élus sont nommés pour quatre ans.

Art. 40. — La commission locale professionnelle examinera l'organisation, les programmes et le fonctionnement des cours professionnels existants et adressera son rapport au comité départemental qui le transmettra au ministre du commerce et de l'industrie.

Ceux de ces cours qui, d'après le rapport de la commission, répondront aux besoins des professions commerciales ou industrielles de la localité pourront, sur leur demande, être subventionnés par l'État suivant leur importance, après avis favorable de la commission permanente du conseil supérieur de l'enseignement technique, sans que cependant cette subvention puisse dépasser la moitié des dépenses de leur fonctionnement.

D'autre part, le comité départemental de l'enseignement technique pourra, sur la proposition de la commission locale professionnelle et sur le rapport de l'inspecteur de l'enseignement technique, les intéressés entendus, déclarer qu'un cours est insuffisamment organisé pour répondre aux obligations de la présente loi.

Néanmoins, les administrateurs de ce cours auront droit d'en appeler à la commission permanente du conseil supérieur de l'enseignement technique.

Art. 41. — S'il n'existe pas de cours professionnels dans la localité ou si les cours existants sont jugés insuffisants par le comité départemental, les communes seront tenues de créer les cours professionnels jugés nécessaires par ledit comité et de pourvoir aux dépenses de leur fonctionnement.

En ce qui concerne ces dépenses, tant pour la création et l'installation que pour le fonctionnement, les cours pourront être subventionnés par l'État, dans les conditions et les limites fixées par l'article précédent.

Dans les centres industriels occupant des ouvriers de plusieurs communes, l'arrêté pourra prévoir le groupement de ces communes pour la création et l'entretien des cours professionnels.

Les frais d'entretien et de création de ces cours seront compris parmi les dépenses obligatoires de la commune.

Art. 42. — Les programmes des cours professionnels communaux prévus au précédent article sont élaborés par la commission locale, professionnelle, et approuvés par le comité départemental de l'enseignement technique.

Les membres du personnel enseignant sont nommés par le maire, après avis de la commission locale et approbation par le comité départemental.

Ils peuvent être révoqués par le maire, après avis de ladite commission.

Art. 43. — Un décret, rendu après avis du conseil supérieur de l'enseignement technique, déterminera les conditions suivant lesquelles les services du personnel enseignant pourront être reconnus et récompensés par le maire, après avis de la commission locale, par le préfet, après avis du comité départemental, par le ministre du commerce et de l'industrie, après avis de la commission permanente du conseil supérieur de l'enseignement technique.

Art. 44. — Le chef d'établissement est tenu de laisser à ses jeunes ouvriers et employés de l'un et l'autre sexe le temps et la liberté nécessaires pour suivre les cours obligatoires communaux ou privés.

Les cours professionnels obligatoires devront avoir lieu pendant la journée légale de travail, à raison de quatre heures par semaine et de cent heures par an au moins, de huit heures par semaine et de deux cents heures par an, au plus.

Toutefois, l'obligation d'organiser les cours pendant la journée légale de travail ne s'applique pas aux établissements, ateliers, magasins ou bureaux dans lesquels la durée normale du travail du personnel n'excède pas huit heures par jour ou quarante-huit heures par semaine.

En outre, des dérogations pourront être apportées à la règle posée par le paragraphe 2 du présent article par le ministre du commerce et de l'industrie, à la demande de la commission locale professionnelle et du comité départemental de l'enseignement technique.

Il sera statué sur toute demande de dérogation dans le délai de deux mois.

Les heures consacrées à l'enseignement professionnel pendant la journée légale de travail seront prises, de préférence, au commencement ou à la fin de la journée.

Les cours pourront être groupés, dans les industries saisonnières, pendant les périodes de morte-saison.

Art. 45. — Le chef d'établissement est tenu également de s'assurer de l'assiduité au cours de ses jeunes ouvriers et employés. A cet effet, chaque élève sera muni d'un livret qui devra être visé par les professeurs des cours à chaque leçon et par le chef d'établissement ou son délégué au moins une fois par semaine.

Dans le cas d'absence, le directeur du cours ou le professeur devra en aviser immédiatement les parents ou tuteurs de l'enfant et le chef d'établissement et, dans le cas d'absences réitérées, la commission locale professionnelle.

Pour faciliter l'application de la présente loi, le chef d'établissement est tenu, en outre, de déclarer à la mairie, et dans les huit jours de leur embauchage, les nom, prénoms, âge et adresse des jeunes gens et jeunes filles de moins de dix-huit ans qu'il emploie.

Art. 46. — Toutefois, le chef d'établissement est dispensé de la triple obligation prévue par les articles 44 et 45 en ce qui concerne :

1° Les jeunes gens et jeunes filles qui justifient d'un diplôme ou certificat délivré par une école publique ou par une école privée d'enseignement technique reconnue par l'État ;

2° Les jeunes gens et jeunes filles qui ont obtenu leur certificat d'aptitude professionnelle dans les conditions déterminées par l'article 47 ci-après ;

3° Ceux qui suivent les cours d'une école régionale des beaux-arts.

Art. 47. — Les jeunes gens et jeunes filles qui ont suivi, pendant trois ans au moins, les cours professionnels, sont admis à concourir pour le certificat d'aptitude professionnelle.

Ce certificat est délivré à ceux qui subissent l'examen avec succès. Les autres reçoivent une attestation constatant leur inscription aux cours pendant trois ans. Cette attestation les dispense, à l'avenir, de l'obligation de suivre les cours.

La commission locale pourra, à toute époque, dispenser de suivre les cours les élèves qu'elle aura reconnus inaptes à en profiter.

Toutefois, le droit de dispense de la commission locale peut être suspendu et remis par le ministre à un inspecteur de l'enseignement technique si les radiations dépassent 10 p. 100 des inscrits.

Les épreuves pratiques et théoriques de l'examen sont déterminées par arrêté du ministre du commerce et de l'industrie, après avis de la commission locale professionnelle et du comité départemental.

L'examen est subi devant un jury composé de l'inspecteur départemental de l'enseignement technique, ou, à son défaut, d'un délégué du préfet, président, de professeurs et d'un nombre égal de patrons et d'ouvriers ou employés de la profession, nommés par le préfet, et choisis, autant que possible, parmi les membres de la commission locale professionnelle.

Art. 48. — Peuvent également se présenter audit examen et obtenir leur certificat d'aptitude professionnelle :

1° Les jeunes gens et jeunes filles qui ont terminé leurs études dans une école publique ou privée d'enseignement technique ;

2° Les jeunes gens et jeunes filles occupés dans le commerce ou l'industrie, âgés de seize ans accomplis et résidant dans les communes où les cours obligatoires ne sont pas organisés.

Art. 49. — Les cours professionnels sont soumis exclusivement à l'inspection de l'enseignement technique.

Les cours professionnels obligatoires sont en outre placés sous la surveillance de la commission locale professionnelle.

Toutefois, lorsque ces cours ont lieu à l'atelier ou dans l'usine, des inspecteurs de l'enseignement technique désignés par le ministre du commerce et de l'industrie y ont seuls droit d'entrée.

Les inspecteurs pourront être assistés, le cas échéant, et sur la demande de la commission locale, de spécialistes agréés par les industriels intéressés.

Art. 50. — Le chef d'établissement qui aura contrevenu aux prescriptions des articles 44 et 45 de la présente loi sera mis en demeure de s'y conformer par un avertissement de la commission locale professionnelle.

En cas de récidive dans les douze mois qui suivront l'avertissement, le contrevenant sera poursuivi sur la plainte de la commission locale professionnelle, devant le tribunal de simple police, et passible d'une amende de cinq à quinze francs (5 à 15 fr.).

L'amende sera appliquée autant de fois qu'il y aura de personnes, jeunes gens ou jeunes filles, échappant aux dispositions desdits articles 44 et 45.

Toutefois, la peine ne sera pas applicable si la contravention à la loi a été le résultat d'une erreur provenant de la production d'un acte de naissance ou d'autres pièces contenant de fausses énonciations ou délivrées pour une autre personne.

Les chefs d'établissement seront civilement responsables des condamnations prononcées contre les directeurs ou gérants.

L'article 463 du code pénal relatif aux circonstances atténuantes pourra être appliqué.

Art. 51. — Les dispositions de l'article 50 de la présente loi sont également applicables aux parents et tuteurs qui empêcheraient leurs enfants ou pupilles de fréquenter les cours professionnels obligatoires ou qui négligeraient de veiller à leur assiduité, après avoir été avertis de leurs absences par le directeur des cours.

Si le défaut d'assiduité aux cours professionnels résulte de la mauvaise volonté évidente de l'enfant, la commission locale professionnelle pourra le faire comparaître devant elle et lui donner un avertissement.

Si cet avertissement reste sans effet, ladite commission retardera d'une année la date d'inscription du contrevenant à l'examen du certificat d'aptitude professionnelle.

Art. 52. — La présente loi est applicable à l'Algérie.

La présente loi, délibérée et adoptée par le Sénat et par la Chambre des députés, sera exécutée comme loi de l'État.

Fait à Paris, le 25 juillet 1919.

R. POINCARÉ.

Par le Président de la République :

Le ministre du commerce, de l'industrie,
des postes et des télégraphes,

CLÉMENTEL.

Le ministre des finances

L.-L. KLOTZ.

CHARTRES. — IMPRIMERIE DURAND, RUE FULBERT.